LETTRE

A M. MOUNIER,

DIRECTEUR GÉNÉRAL

DE LA POLICE,

SUR LA MORT

DE

NAPOLÉON;

PAR LE GÉNÉRAL BERTON.

SIXIÈME ÉDITION,

Augmentée d'un Avis, du Budget du baron Mounier, sous l'Empire, et d'un extrait du Morning-Chronicle du 21 juillet 1821.

A PARIS.

CHEZ LES MARCHANDS DE NOUVEAUTÉS.

1821.

AVIS.

—

Au moment où on allait mettre sous presse la sixième édition de ma lettre au baron Mounier, j'apprends que la censure, après avoir approuvé, a fait défendre hier dans la nuit, par une lettre signée de l'abbé d'Andrezel (l'un des présidens de cette *honorable* commission) d'indiquer la demeure, et l'heure des obsèques du malheureux général Fressinet, probablement dans la crainte qu'un trop grand nombre d'amis et de ses frères d'armes ne voulussent se réunir pour accompagner ses dépouilles mortelles. Par cette mesure arbitraire, on a diminué le produit des quêtes faites en faveur de l'église de Saint-Vincent-de Paule et des pauvres de cette paroisse. Cet acte peu religieux a été en outre cause qu'aucun de MM. les maréchaux de France n'a pu honorer de sa présence le convoi funèbre, pour avoir ignoré la longue maladie et l'humble demeure de ce lieutenant général, ainsi que le lieu où devait se célébrer le service divin pour le repos de l'âme du défunt.

Celui qui a la haute police inquisitoriale de cette soi-disant commission royale de censure

(instrument d'une tyrannie subalterne) ne se contente pas de la diriger contre les vivans , il la fait encore servir de complément à sa persécution jusqu'après leur mort. A peine M. le général Fressinet était rentré d'un long exil, qu'on le fit arrêter et emprisonner (au mois de juin de l'année dernière), sur un rapport mensonger d'un agent provocateur. C'est ainsi que, sous le gouvernement des ministres d'un Roi très-chrétien , on met en pratique les maximes de la morale et les préceptes d'union et oubli.

Paris, 11 août 1821.

LETTRE

A M. MOUNIER,

DIRECTEUR GÉNÉRAL

DE LA POLICE.

PENDANT quatre jours, Monsieur le Baron, on a crié dans Paris *la Confession de Bonaparte* avec une constance d'autant plus extraordinaire, qu'on a généralement remarqué le peu de débit de cette farce impie, aussi honteuse que ridicule, qui n'a pu être jouée sans l'autorisation de la police dont vous êtes le directeur général. Le budget aux sources impures de votre *haute* administration a dû bien certainement dédommager de leurs peines quelques misérables aboyeurs qui n'ont pas de temps à perdre, sans pouvoir être récompensés de l'avilissement où les jettent des gens plus méprisables qu'eux. On a, en outre, observé que quantité de mouchards circulaient autour de ces *marchands de Confession*, afin de les protéger et de pouvoir rendre compte de l'effet que devait produire sur le peuple cette sotte et sacrilége espiéglerie. Eh bien! on a dû vous instruire qu'on l'avait accueillie avec le plus profond mépris : elle n'a fait qu'augmenter les regrets publics et la douleur universelle dans l'âme des Français qui conservent les sentimens de l'honneur et de la gloire nationale, et ces nobles sentimens sont profondément gravés dans le cœur de ce peuple, que vous et les vôtres cherchez vainement à corrompre.

En permettant une aussi scandaleuse publication, c'est commettre une lâcheté ; en l'ordonnant, c'est se couvrir d'infamie : lequel de ces deux rôles avez-vous joué dans cette scène hypocrite et burlesque, monsieur le Baron? Je vous en laisse le choix.... L'un ou l'autre appartient nécessairement au directeur général de la police.

En vous constituant le protecteur de cette œuvre du mensonge et de la sottise, vous avez déprécié les rites d'une religion déclarée celle de l'État par l'article 6 de la Charte, et foulé aux pieds toutes les règles de la morale chrétienne. S'il n'est pas nécessaire d'être théologien pour devenir ministre de la police, vous ne devriez pas ignorer qu'un confesseur qui révélerait quelque chose qu'il aurait appris en confession, soit de vive voix, soit par signe, en un mot, de quelque manière que ce soit, est condamné par les canons à la dégradation et à une prison perpétuelle; qu'il doit souffrir les tourmens et la mort même plutôt que de violer ce secret; et que, si on l'interroge en justice sur quelque chose qu'il sait par la voie de la confession, il lui est permis de jurer qu'il n'en sait rien.

Etes-vous, M. le baron, le Tartufe ou le Basile de cette monstruosité colportée sous le titre de *Confession de Bonaparte?* En tout cas, vous n'avez pas moins fait une action de nature à éloigner le peuple du sacrement de la pénitence, en cherchant à souiller, par cette petite jonglerie politique, le caractère des ministres de l'Évangile, en même temps que c'est outrager le bon sens et la raison.

Je sais que pour obtenir l'emploi que vous

occupez, il faut être capable de renoncer à la dignité d'homme, pour se transformer en bouc d'Israël ; on doit recevoir en legs onéreux les passions et les haines des puissances du jour, bien plus naturellement qu'on n'apporte en héritage un cancer dans l'estomac ; mais avez-vous donc pu oublier que vous avez été long-temps nourri à la table de Napoléon, alors votre empereur ? non pas à celle où se plaçait ce grand homme, que le monde entier reconnaît pour tel ; elle était trop élevée pour votre petite taille ; et quoique vous ayez beaucoup travaillé à vous grandir depuis qu'il a quitté la France, je doute fort que vous puissiez jamais vous asseoir à la table des Rois.

Ne vous souvenez-vous plus que c'est lui qui vous a fait Baron avec dotation ? et qu'il plaça sur votre poitrine le signe de l'honneur !... Ah !...Il est vrai qu'il voulait récompenser dans vous les vertus d'un respectable père qui avait assez honoré le nom de Mounier pour n'avoir pas besoin de le faire précéder d'un vain titre, que vous voudrez léguer à votre fils, et qui, d'après les principes de l'ordre héraldique, sera plus noble que vous.

En Chine, le père n'anoblit pas le fils; c'est le fils, lorsqu'il se distingue par ses talens et par ses vertus, en rendant de grands services à sa patrie, qui fait répandre les distinctions sur le père heureux de lui avoir procuré l'existence. Votre père n'est plus, M. le Baron, il est mort plébéien; je ne sais si le philosophe Confucius, dont la mémoire est encore si honorée en Chine, aurait jugé que par vos hautes œuvres vous deviez faire obtenir des titres de noblesse à l'auteur de vos jours; il aurait plutôt décidé, pour me servir de ses expresssions, que *vous aviez obscurci et altéré dans elle-même la doctrine et la clarté primitive de la faculté raisonnable.*

La philosophie morale et politique des Chinois, qui, malgré son antiquité, en vaut bien une autre, prémunit surtout les enfans contre cinq vices, qu'on leur fait envisager comme le principe de la subversion des familles et comme des sources de malheur et de honte : le cinquième est *de désirer ardemment les honneurs, les dignités ou les charges; et, pour les obtenir, de devenir l'esclave des hommes en faveur et en crédit.*

Si vous êtes le fils de cet estimable monsieur Mounier, de l'Assemblée constituante, qui n'a-

vilit point son exil comme tant d'autres , en ten-
dant une main paresseuse à la charité , et ne crut
point se déshonorer en se faisant maître d'école
sur une terre étrangère ; de ce citoyen que Napoléon rappela sur le sol de la patrie pour vou-
loir effacer les traces de ses infortunes en le pla-
çant au Conseil d'état , où il mourut fort pauvre,
mais après avoir assez acquis l'estime de son bien-
faiteur pour qu'il se chargeât des frais de sa sépulture , et de doter ses filles : si vous êtes ce fils
que l'empereur des Français nomma en outre au-
diteur de première classe, maître des requêtes, se-
crétaire de son cabinet, et enfin intendant des bâtimens de la couronne, personne n'aurait été sur-
pris de vous voir partager ses infortunes ; on aurait admiré la reconnaissance et l'attachement
qui vous eussent porté à suivre cette auguste vic-
time à l'île d'Elbe , même à Sainte-Hélène : et
parce que vous avez préféré aller à Gand , cela
vous oblige-t-il à oublier tant de bienfaits ? De-
vez-vous laisser outrager la mémoire d'un grand
homme qui vous avait comblé de faveurs ? (1)
Vous avez fait ou laissé vociférer dans la capitale

____

(1) Voir la note à la fin.

les blasphèmes de l'ingratitude, pour applaudir aux clameurs insensées de ses ennemis.

On vous avait représenté comme un homme d'esprit, monsieur le Baron, et vous nous avez prouvé aujourd'hui, accompagné de plusieurs autres, que les hommes *retournés* ont perdu tout le lustre qui leur donnait quelque prix.

Par pitié pour vos enfans, au nom de ces innocentes créatures, et pour la mémoire de votre père, je vous engage, monsieur Mounier, à abjurer cette politique de ruelle qu'on colporte encore furtivement dans les carrefours : c'est le type de la bêtise et de l'ignominie. Le peuple français est trop instruit pour ajouter foi à de semblables extravagances, et ce n'est tout au plus que le coup de pied de l'âne, ou de M. Duplessis de Grénedan.

Que ceux qui se prosternèrent devant la puissance de cet illustre personnage et qui grandirent sous les rayons de son génie ; qui, par prédilection ou par justice, devant leur rang et leur fortune à l'empereur Napoléon, ne l'ont pas moins trahi ou abandonné ; que ceux-là, dis-je, se réjouissent de la mort de Bonaparte, pour s'être mis dans le cas de craindre un de ses regards foudroyans , émanation de sa grande âme, on le conçoit ; mais vingt millions de Français voudraient pouvoir arroser son tombeau de leurs larmes ; et je mêle mes vœux à ceux de mon brave compagnon d'armes, M. Alexandre Goujon (1) , afin que ses cendres soient déposées sous la colonne de la place Vendôme, pour y être pressées sous le poids de ses victoires : la dignité de la France réclame ses restes inanimés ; l'estime de l'univers en sera la récompense , et la postérité y applaudira.

Voilà, monsieur le Baron, l'expression des sentimens que professe un militaire et un citoyen qui s'énorgueillira toujours d'avoir servi loyalement sous ce grand capitaine.

Le général BERTON.

Paris , le 15 juillet 1821.

---

(1) *Pensée d'un soldat sur la sépulture de Napoléon ;* par Alexandre Goujon , ancien capitaine d'artillerie à cheval, membre de la Légion d'honneur.

FIN.

NOTE.

A la mort du père, Mounier le fils fut nommé au-
diteur de première classe au Conseil d'état. Il ne pou-
vait pas prouver, comme c'était la règle pour obtenir
cette place, un revenu de 6,000 francs, on lui fit cette
rente sur la cassette de l'Empereur, et il fut en outre
nommé secretaire du cabinet particulier de Napoléon,
avec la table et aux appointemens de vingt-qu tre mille
francs, ci. . . . . 24,000 fr.

Fait membre de Légion d'honneur.
(pour mémoire.)

Créé maître des Requêtes avec solde de
six mille francs, ci. 6,000

Nommé officier de la Légion d'honneur, ci 1,000

Intendant des armées en Prusse.
(pour mémoire.)

Le 15 août 1809, il reçut, pour être at-
tachée à son titre de Baron, une dotation
de dix mille francs, dans la Poméranie
Suédoise, ci. 10,000

L'empereur Napoléon lui donna une
action du journal de l'Empire, en raison
des services et pour dévouement particulier à sa personne, ainsi que le portait le
décret; cette action rendait annuellement
de vingt-cinq à vingt-sept mille francs,
terme moyen. 26,000

Le baron Mounier parvint avec une
adresse extrême, à rendre force et vigueur
à une place qu'on voulait supprimer pour
la réunir à celle de directeur général des
Ponts-et-Chaussées, et par un zèle obsé-
quieux, il l'obtint sous l'empire et sut la
conserver sous les deux restaurations;
c'est celle d'intendant des bâtimens de la
Couronne; elle donnait vingt-cinq mille
francs d'appointemens, ci. 25,000

Plus pour frais de logement, selon la
dignité de la charge, douze mille francs, ci 12,000 fr.

A reporter. 104,000

Report. 104,000

Pour frais de bureau de l'intendance,
donnés à forfait, dont il n'était pas tenu
de prouver l'emploi, soixante mille francs,
ci 60,000

Total 164,000 fr.

(NOTA.) Il se faisait tous les ans pour vingt à vingt-deux millions de travaux à ces bâtimens. (pour mémoire)

A l'âge de trente ans; le baron Mounier, par la mugnificence de Napoléon, recevait plus de cent soixante mille fr. chaque année, sans compter les gratifications qu'il cumulait, et dont une fut, à ce que l'on assure, de cent mille francs. On passe sous silence les avantages sortis de la même source en faveur de l'homme qui a épousé une sœur du baron Mounier.

« Faire du bien à autrui sans compte et sans mesure, c'est un moyen certain de le conduire à l'ingratitude. Telle est la force du sentiment de la justice implanté dans le cœur des hommes, qu'ils *ne savent pas même gré des bienfaits donnés sans discrétion.* » (VOLNEY, *principes physiques de la morale.*)

Extrait du Journal anglais le Morning-Chronicle, du 21 juillet 1820. Traduction littérale.

Le Gouvernement français a non-seulement excité l'horreur, mais aussi l'indignation publique, en envoyant plusieurs centaines de misérables, crier *pour un sou,* dans les rues de la capitale, les détails de la mort de Napoléon. Et il ne s'est pas borné à cette publication, il a fait aussi colporter, par les mêmes gens, la prétendue Confession de l'Empereur avant sa mort, pièce dans laquelle il s'accuse d'être le plus grand monstre qui ait jamais existé. Ces deux pièces sont ornées de la couronne et des armes des Bourbons. Il est à observer qu'elles ont été publiées sous les ministres de l'intérieur, des affaires étrangères, de la police et de la guerre, qui tous étaient les humbles serviteurs de Bonaparte, et quelques-uns d'eux ses valets les plus serviles et les plus abjects.

« On donne plus aisément des bornes à sa reconnais-
« sance, qu'à ses espérances et qu'à ses désirs, dit la
Rochefoucauld.

COMMENTAIRE sur l'ouvrage en dix-huit chapitres, précédé d'un avant-propos, de M. le lieutenant-général J. J. Tarayre, intitulé *de la Force des Gouvernemens, ou du Rapport que la force des Gouvernemens doit avoir avec leur Nature et leur Constitution*, par M. le général Berton, prix.................................... 3 fr.

PRÉCIS HISTORIQUE, militaire et critique des batailles de Fleurus et de Waterloo, dans la campagne de Flandres, en juin 1815; de leurs manœuvres caractéristiques, et des mouvemens qui les ont précédées et suivies, avec une carte pour l'intelligence des marches, par le général Berton, prix............................ 2 fr.

IMPRIMERIE DE P. DUPONT.